AF130162

Vorwort

Ich freue mich sehr darüber, Ihnen meine neuen Rezepte mit dem Thermomix TM5 zu präsentieren. Alle Rezepte stellen neue Arten zu Backen dar und sind auch für die junge und kreative Küche geeignet.
Alles ist spielend einfach nachzubacken. Gerade wenn man wenig Zeit hat, aber dennoch seine Familie mit Köstlichkeiten verwöhnen möchte, wird mein Buch Ihnen helfen, dieses zu verwirklichen.
Ich wünsche Ihnen viel Spaß mit meinem Buch.

Inhaltsangabe

Double Chocolate Cookies

Zutaten
400 g Mehl
1 TL Salz
250 g weiche Butter
200 g Zucker
100 g brauner Zucker
2 TL Vanillezucker
2 Eier
150 g dunkle Schokolade
150 g weiße Schokolade

Zubereitung
Den weißen Zucker in den Mixtopf geben. Auf Stufe 10/ 20 Sekunden mahlen. Nun Mehl und Butter hinzugeben und nochmals auf Stufe 5/ 1 Minute mischen. Die übrigen Zutaten hinzufügen und auf Stufe 5/ 30 Sekunden mischen. Ein Backblech mit Backpapier belegen. Mit 2 Teelöffeln immer ein Löffelchen Teig auf das Papier geben. Etwas Abstand halten, da die Kleckse noch zerlaufen. Den Backofen auf 180 Grad Ober und Unterhitze einschalten. Das Backblech mit dem Teig hinein geben und ca. 15 Minuten backen. Auskühlen lassen.

Zitronen Cookies

Zutaten
390 g Mehl
1 TL Salz
250 g weiche Butter
200 g Zucker
100 g brauner Zucker
2 TL Vanillezucker
2 Eier
abgeriebene Schale einer Bio Zitrone
2 EL Zitronensaft

Zubereitung
Den weißen Zucker in den Mixtopf geben. Auf Stufe 10/ 20 Sekunden mahlen. Nun Mehl und Butter hinzugeben und nochmals auf Stufe 5/ 1 Minute mischen. Die übrigen Zutaten hinzufügen und auf Stufe 5/ 30 Sekunden mischen. Ein Backblech mit Backpapier belegen. Mit 2 Teelöffeln immer ein Löffelchen Teig auf das Papier geben. Etwas Abstand halten, da die Kleckse noch zerlaufen. Den Backofen auf 180 Grad Ober und Unterhitze einschalten. Das Backblech mit dem Teig hinein geben und ca. 15 Minuten backen. Auskühlen lassen.

Weiße Schokolade Macadamia Cookies

Zutaten
400 g Mehl
1 TL Salz
250 g weiche Butter
200 g Zucker
100 g brauner Zucker
2 TL Vanillezucker
2 Eier
100 g Macadamia
200 g weiße Schokolade
grob zerkleinert

Zubereitung
Den weißen Zucker in den Mixtopf geben. Auf Stufe 10/ 20 Sekunden mahlen. Nun Mehl und Butter hinzugeben und nochmals auf Stufe 5/ 1 Minute mischen. Die übrigen Zutaten hinzufügen und auf Stufe 5/ 30 Sekunden mischen. Ein Backblech mit Backpapier belegen. Mit 2 Teelöffeln immer ein Löffelchen Teig auf das Papier geben. Etwas Abstand halten, da die Kleckse noch zerlaufen. Den Backofen auf 180 Grad Ober und Unterhitze einschalten. Das Backblech mit dem Teig hinein geben und ca. 15 Minuten backen. Auskühlen lassen.

Schokolade Pistazien Cookies

Zutaten
400 g Mehl
1 TL Salz
250 g weiche Butter
200 g Zucker
100 g brauner Zucker
2 TL Vanillezucker
2 Eier
100 g geschälte Pistazien
200 g Schokolade grob zerkleinert

Zubereitung
Den weißen Zucker in den Mixtopf geben. Auf Stufe 10/ 20 Sekunden mahlen. Nun Mehl und Butter hinzugeben und nochmals auf Stufe 5/ 1 Minute mischen. Die übrigen Zutaten hinzufügen und auf Stufe 5/ 30 Sekunden mischen. Ein Backblech mit Backpapier belegen. Mit 2 Teelöffeln immer ein Löffelchen Teig auf das Papier geben. Etwas Abstand halten, da die Kleckse noch zerlaufen. Den Backofen auf 180 Grad Ober und Unterhitze einschalten. Das Backblech mit dem Teig hinein geben und ca. 15 Minuten backen. Auskühlen lassen.

Kokos Rosinen Cookies

Zutaten
380 g Mehl
1 TL Salz
250 g weiche Butter
200 g Zucker
100 g brauner Zucker
2 TL Vanillezucker
2 Eier
100 g Kokosflocken
200 g Rosinen

Zubereitung
Den weißen Zucker in den Mixtopf geben. Auf Stufe 10/ 20 Sekunden mahlen. Nun Mehl und Butter hinzugeben und nochmals auf Stufe 5/ 1 Minute mischen. Die übrigen Zutaten hinzufügen und auf Stufe 5/ 30 Sekunden mischen. Ein Backblech mit Backpapier belegen. Mit 2 Teelöffeln immer ein Löffelchen Teig auf das Papier geben. Etwas Abstand halten, da die Kleckse noch zerlaufen. Den Backofen auf 180 Grad Ober und Unterhitze einschalten. Das Backblech mit dem Teig hinein geben und ca. 15 Minuten backen. Auskühlen lassen.

Cranberry Nuss Cookies

Zutaten
380 g Mehl
1 TL Salz
250 g weiche Butter
200 g Zucker
100 g brauner Zucker
2 TL Vanillezucker
2 Eier
100 g geschälte Pistazien
200 g getrocknete Cranberrys

Zubereitung
Den weißen Zucker in den Mixtopf geben. Auf Stufe 10/ 20 Sekunden mahlen. Nun Mehl und Butter hinzugeben und nochmals auf Stufe 5/ 1 Minute mischen. Die übrigen Zutaten hinzufügen und auf Stufe 5/ 30 Sekunden mischen. Ein Backblech mit Backpapier belegen. Mit 2 Teelöffeln immer ein Löffelchen Teig auf das Papier geben. Etwas Abstand halten, da die Kleckse noch zerlaufen. Den Backofen auf 180 Grad Ober und Unterhitze einschalten. Das Backblech mit dem Teig hinein geben und ca. 15 Minuten backen. Auskühlen lassen.

Bananen Schoko Cookies

Zutaten
400 g Mehl
1 TL Salz
250 g weiche Butter
200 g Zucker
100 g brauner Zucker
2 TL Vanillezucker
2 Eier
100 g Schoko Tropfen
200 g Bananenchips etwas zerkleinern

Zubereitung
Den weißen Zucker in den Mixtopf geben. Auf Stufe 10/ 20 Sekunden mahlen. Nun Mehl und Butter hinzugeben und nochmals auf Stufe 5/ 1 Minute mischen. Die übrigen Zutaten hinzufügen und auf Stufe 5/ 30 Sekunden mischen. Ein Backblech mit Backpapier belegen. Mit 2 Teelöffeln immer ein Löffelchen Teig auf das Papier geben. Etwas Abstand halten, da die Kleckse noch zerlaufen. Den Backofen auf 180 Grad Ober und Unterhitze einschalten. Das Backblech mit dem Teig hinein geben und ca. 15 Minuten backen. Auskühlen lassen.

Müsli Cookies

Zutaten
380 g Mehl
1 TL Salz
250 g weiche Butter
200 g Zucker
100 g brauner Zucker
2 TL Vanillezucker
2 Eier
300 g Müsli nach Wahl

Zubereitung
Den weißen Zucker in den Mixtopf geben. Auf Stufe 10/ 20 Sekunden mahlen. Nun Mehl und Butter hinzugeben und nochmals auf Stufe 5/ 1 Minute mischen. Die übrigen Zutaten hinzufügen und auf Stufe 5/ 30 Sekunden mischen. Ein Backblech mit Backpapier belegen. Mit 2 Teelöffeln immer ein Löffelchen Teig auf das Papier geben. Etwas Abstand halten, da die Kleckse noch zerlaufen. Den Backofen auf 180 Grad Ober und Unterhitze einschalten. Das Backblech mit dem Teig hinein geben und ca. 15 Minuten backen. Auskühlen lassen.

Erdnussbutter Cookies

Zutaten
380 g Mehl
1 TL Salz
100 g weiche Butter
150 g Erdnussbutter
200 g Zucker
100 g brauner Zucker
2 TL Vanillezucker
2 Eier
200 g Erdnüsse

Zubereitung
Den weißen Zucker in den Mixtopf geben. Auf Stufe 10/ 20 Sekunden mahlen. Nun Mehl und Butter hinzugeben und nochmals auf Stufe 5/ 1 Minute mischen. Die übrigen Zutaten hinzufügen und auf Stufe 5/ 30 Sekunden mischen. Ein Backblech mit Backpapier belegen. Mit 2 Teelöffeln immer ein Löffelchen Teig auf das Papier geben. Etwas Abstand halten, da die Kleckse noch zerlaufen. Den Backofen auf 180 Grad Ober und Unterhitze einschalten. Das Backblech mit dem Teig hinein geben und ca. 15 Minuten backen. Auskühlen lassen.

Zitronen Cake-Pops

Zutaten

Kuchenteig
250 g Butter
180 g Zucker
1 Päckchen Vanillezucker
4 Eier
250 g Mehl
2 gestrichene TL Backpulver
abgerieben Schale von 2 unbehandelten Zitronen
2 EL Zitronensaft

Frosting
50 g Frischkäse
20 g weiche Butter
150 g Zucker 20 Sekunden
auf Stufe 10 zu Puderzucker mahlen
1 EL Zitronensaft
Lebensmittelfarbe nach Belieben
Holzspieße

Dekor
Kuvertüre nach Wahl
Streuzucker oder Zuckerdekor
Smarties oder Bonbons
nach Belieben

Zubereitung
Den Backofen auf 180 Grad Ober- und Unterhitze vorheizen. Eine Backform mit etwas Butter einfetten. Es werden zuerst die Zutaten für den Kuchenteig benötigt. Eier, Butter und Zucker in den Mixtopf geben. Auf Stufe 5/ 30 Sekunden schaumig rühren. Nun die übrigen Zutaten in den Mixtopf geben und auf Stufe 10 / 1 Minute luftig schlagen. Den Teig in die Kuchenform geben und ca. 45 Minuten backen.
Lassen Sie den Kuchen nun erkalten. Jetzt die harten Ränder abschneiden und den Kuchen in einer Schüssel fein zerkrümeln. In den ausgespülten Mixtopf alle Zutaten für das Frosting geben und auf Stufe 2/ 1 Minute schlagen. Den zerkrümelten Teig kneten. Etwa eine walnussgroße Menge Teig nehmen und flach drücken (etwas in der Form, als wenn man Plätzchen mit einer runden Form aussticht). In der Mitte des Teiges einen guten Esslöffel des Frostings geben und alles zu einer Kugel rollen. Die Kugeln für eine Stunde im Kühlschrank stellen. In der Zwischenzeit im Wasserbad die Kuvertüre schmelzen und die Dekor Artikel bereitstellen. Die Kugeln aus dem Kühlschrank nehmen und in jede Kugel ein Holzspieß stecken. Dann jede Kugel in die Kuvertüre tauchen. Die Schokolade kurz etwas fester werden lassen und dann in das gewünschte Dekor tauchen. Vor dem Verzehr noch mindestens eine Stunde im Kühlschrank aushärten lassen.

Kokos Cake-Pops

Zutaten

Kuchenteig
250 g Butter
180 g Zucker
1 Päckchen Vanillezucker
4 Eier
250 g Mehl
2 gestrichene TL Backpulver
100 g Kokosflocken
3 EL Milch

Frosting
50 g Frischkäse
20 g weiche Butter
150 g Zucker 20 Sekunden
auf Stufe 10 zu Puderzucker mahlen
50 g Kokosflocken
Lebensmittelfarbe nach Belieben
Holzspieße

Dekor
Kuvertüre nach Wahl
Streuzucker oder Zuckerdekor
Smarties oder Bonbons
nach Belieben

Zubereitung
Den Backofen auf 180 Grad Ober- und Unterhitze vorheizen. Eine Backform mit etwas Butter einfetten. Es werden zuerst die Zutaten für den Kuchenteig benötigt. Eier, Butter und Zucker in den Mixtopf geben. Auf Stufe 5/ 30 Sekunden schaumig rühren. Nun die übrigen Zutaten in den Mixtopf geben und auf Stufe 10 / 1 Minute luftig schlagen. Den Teig in die Kuchenform geben und ca. 45 Minuten backen.
Lassen Sie den Kuchen nun erkalten. Jetzt die harten Ränder abschneiden und den Kuchen in einer Schüssel fein zerkrümeln. In den ausgespülten Mixtopf alle Zutaten für das Frosting geben und auf Stufe 2/ 1 Minute schlagen. Den zerkrümelten Teig kneten. Etwa eine walnussgroße Menge Teig nehmen und flach drücken (etwas in der Form, als wenn man Plätzchen mit einer runden Form aussticht). In der Mitte des Teiges einen guten Esslöffel des Frostings geben und alles zu einer Kugel rollen. Die Kugeln für eine Stunde im Kühlschrank stellen. In der Zwischenzeit im Wasserbad die Kuvertüre schmelzen und die Dekor Artikel bereitstellen. Die Kugeln aus dem Kühlschrank nehmen und in jede Kugel ein Holzspieß stecken. Dann jede Kugel in die Kuvertüre tauchen. Die Schokolade kurz etwas fester werden lassen und dann in das gewünschte Dekor tauchen. Vor dem Verzehr noch mindestens eine Stunde im Kühlschrank aushärten lassen.

Orangen Cake-Pops

Zutaten

Kuchenteig
250 g Butter
180 g Zucker
1 Päckchen Vanillezucker
4 Eier
250 g Mehl
2 gestrichene TL Backpulver
abgerieben Schale von 2 unbehandelten Orangen
2 EL Orangensaft

Frosting
50 g Frischkäse
20 g weiche Butter
150 g Zucker 20 Sekunden
auf Stufe 10 zu Puderzucker mahlen
1 EL Orangensaft
Lebensmittelfarbe nach Belieben
Holzspieße

Dekor
Kuvertüre nach Wahl
Streuzucker oder Zuckerdekor
Smarties oder Bonbons
nach Belieben

Zubereitung
Den Backofen auf 180 Grad Ober- und Unterhitze vorheizen. Eine Backform mit etwas Butter einfetten. Es werden zuerst die Zutaten für den Kuchenteig benötigt. Eier, Butter und Zucker in den Mixtopf geben. Auf Stufe 5/ 30 Sekunden schaumig rühren. Nun die übrigen Zutaten in den Mixtopf geben und auf Stufe 10 / 1 Minute luftig schlagen. Den Teig in die Kuchenform geben und ca. 45 Minuten backen.
Lassen Sie den Kuchen nun erkalten. Jetzt die harten Ränder abschneiden und den Kuchen in einer Schüssel fein zerkrümeln. In den ausgespülten Mixtopf alle Zutaten für das Frosting geben und auf Stufe 2/ 1 Minute schlagen. Den zerkrümelten Teig kneten. Etwa eine walnussgroße Menge Teig nehmen und flach drücken (etwas in der Form, als wenn man Plätzchen mit einer runden Form aussticht). In der Mitte des Teiges einen guten Esslöffel des Frostings geben und alles zu einer Kugel rollen. Die Kugeln für eine Stunde im Kühlschrank stellen. In der Zwischenzeit im Wasserbad die Kuvertüre schmelzen und die Dekor Artikel bereitstellen. Die Kugeln aus dem Kühlschrank nehmen und in jede Kugel ein Holzspieß stecken. Dann jede Kugel in die Kuvertüre tauchen. Die Schokolade kurz etwas fester werden lassen und dann in das gewünschte Dekor tauchen. Vor dem Verzehr noch mindestens eine Stunde im Kühlschrank aushärten lassen.

Stracciatella Cake-Pops

Zutaten

Kuchenteig
250 g Butter
180 g Zucker
Mark einer Vanilleschote
4 Eier
250 g Mehl
2 gestrichene TL Backpulver
100 g Schokotropfen

Frosting
50 g Frischkäse
20 g weiche Butter
150 g Zucker 20 Sekunden
auf Stufe 10 zu Puderzucker mahlen
1 EL Schokotreusel
Lebensmittelfarbe nach Belieben
Holzspieße

Dekor
Kuvertüre nach Wahl
Streuzucker oder Zuckerdekor
Smarties oder Bonbons
nach Belieben

Zubereitung
Den Backofen auf 180 Grad Ober- und Unterhitze vorheizen. Eine Backform mit etwas Butter einfetten. Es werden zuerst die Zutaten für den Kuchenteig benötigt. Eier, Butter und Zucker in den Mixtopf geben. Auf Stufe 5/ 30 Sekunden schaumig rühren. Nun die übrigen Zutaten in den Mixtopf geben und auf Stufe 10 / 1 Minute luftig schlagen. Den Teig in die Kuchenform geben und ca. 45 Minuten backen.
Lassen Sie den Kuchen nun erkalten. Jetzt die harten Ränder abschneiden und den Kuchen in einer Schüssel fein zerkrümeln. In den ausgespülten Mixtopf alle Zutaten für das Frosting geben und auf Stufe 2/ 1 Minute schlagen. Den zerkrümelten Teig kneten. Etwa eine walnussgroße Menge Teig nehmen und flach drücken (etwas in der Form, als wenn man Plätzchen mit einer runden Form aussticht). In der Mitte des Teiges einen

guten Esslöffel des Frostings geben und alles zu einer Kugel rollen. Die Kugeln für eine Stunde im Kühlschrank stellen. In der Zwischenzeit im Wasserbad die Kuvertüre schmelzen und die Dekor Artikel bereitstellen. Die Kugeln aus dem Kühlschrank nehmen und in jede Kugel ein Holzspieß stecken. Dann jede Kugel in die Kuvertüre tauchen. Die Schokolade kurz etwas fester werden lassen und dann in das gewünschte Dekor tauchen. Vor dem Verzehr noch mindestens eine Stunde im Kühlschrank aushärten lassen.

Marzipan Cake-Pops

Zutaten

Kuchenteig
250 g Butter
180 g Zucker
1 Päckchen Vanillezucker
4 Eier
250 g Mehl
2 gestrichene TL Backpulver
1 Fläschchen Bittermandelbacköl
150 g Marzipanrohmasse

Frosting
50 g Frischkäse
20 g weiche Butter
150 g Zucker 20 Sekunden
auf Stufe 10 zu Puderzucker mahlen
50 g Marzipanrohmasse
Lebensmittelfarbe nach Belieben
Holzspieße

Dekor
Kuvertüre nach Wahl
Streuzucker oder Zuckerdekor
Smarties oder Bonbons
nach Belieben

Zubereitung
Den Backofen auf 180 Grad Ober- und Unterhitze vorheizen. Eine Backform mit etwas Butter einfetten. Es werden zuerst die Zutaten für den Kuchenteig benötigt. Eier, Butter und Zucker in den Mixtopf geben. Auf Stufe 5/ 30 Sekunden schaumig rühren. Nun die übrigen Zutaten in den Mixtopf geben und auf Stufe 10 / 1 Minute luftig schlagen. Den Teig in die Kuchenform geben und ca. 45 Minuten backen.
Lassen Sie den Kuchen nun erkalten. Jetzt die harten Ränder abschneiden und den Kuchen in einer Schüssel fein zerkrümeln. In den ausgespülten Mixtopf alle Zutaten für das Frosting geben und auf Stufe 2/ 1 Minute schlagen. Den zerkrümelten Teig kneten. Etwa eine walnussgroße Menge Teig nehmen und flach drücken (etwas in der Form, als wenn man Plätzchen mit einer runden Form aussticht). In der Mitte des Teiges einen guten Esslöffel des Frostings geben und alles zu einer Kugel rollen. Die Kugeln für eine Stunde im Kühlschrank stellen. In der Zwischenzeit im Wasserbad die Kuvertüre schmelzen und die Dekor Artikel bereitstellen. Die Kugeln aus dem Kühlschrank nehmen und in jede Kugel ein Holzspieß stecken. Dann jede Kugel in die Kuvertüre tauchen. Die Schokolade kurz etwas fester werden lassen und dann in das gewünschte Dekor tauchen. Vor dem Verzehr noch mindestens eine Stunde im Kühlschrank aushärten lassen.

Vanille Macarons

Zutaten
Macaronschalenteig
125 g gemahlene weiße Mandeln
150 g Puderzucker
100 g Zucker, fein
4 Eiweiße

Füllung
250 g Butter
Mark einer Vanilleschote
140 g Puderzucker
160 g Mandeln

Zubereitung
Wir beginnen mit den Macaronschalen.
Mandeln und Puderzucker in den Mixtopf geben und nochmals auf Stufe 10/ 15 Sekunden mahlen. In eine Schüssel umfüllen.
Den Topf reinigen. Den Schmetterling einsetzen und das Eiweiß einfüllen. Auf Stufe 4/ ca. 2 Minuten steif schlagen. Den Schmetterling entfernen. Nun die übrigen Teigzutaten hinzugeben. Wer mag, kann noch ein paar Tropfen Lebensmittelfarbe hinzugeben. Auf Stufe 2/ 15 Sekunden rühren. Die Masse in einem Spritzbeutel umfüllen. Ein Backblech mit Backpapier belegen. Die Masse portionsweise mit dem Spritzbeutel auf das Blech setzen. Die Masse bei 150 Grad Umluft ca. 15 Minuten backen. Die Schalen abkühlen lassen.

Füllung
Alle Zutaten für die Füllung in den sauberen Mixtopf geben. Auf Stufe 5/ 30 Sekunden schlagen. Man braucht eine Macaronschale als Oberteil und eine als Unterteil. Die Schalen mit der Masse füllen und kaltstellen.

Erdbeere Macarons

Zutaten
Macaronschalenteig
125 g gemahlene weiße Mandeln
150 g Puderzucker
100 g Zucker, fein
4 Eiweiße

Füllung
250 g Butter
40 g Erdbeermarmelade
140 g Puderzucker
160 g Mandeln

Zubereitung
Wir beginnen mit den Macaronschalen.
Mandeln und Puderzucker in den Mixtopf geben und nochmals auf Stufe 10/ 15 Sekunden mahlen. In eine Schüssel umfüllen.
Den Topf reinigen. Den Schmetterling einsetzen und das Eiweiß einfüllen. Auf Stufe 4/ ca. 2 Minuten steif schlagen. Den Schmetterling entfernen. Nun die übrigen Teigzutaten hinzugeben. Wer mag, kann noch ein paar Tropfen Lebensmittelfarbe hinzugeben. Auf Stufe 2/ 15 Sekunden rühren. Die Masse in einem Spritzbeutel umfüllen. Ein Backblech mit Backpapier belegen. Die Masse portionsweise mit dem Spritzbeutel auf das Blech setzen. Die Masse bei 150 Grad Umluft ca. 15 Minuten backen. Die Schalen abkühlen lassen.

Füllung
Alle Zutaten für die Füllung in den sauberen Mixtopf geben. Auf Stufe 5/ 30 Sekunden schlagen. Man braucht eine Macaronschale als Oberteil und eine als Unterteil. Die Schalen mit der Masse füllen und kaltstellen.

Pistazien Macarons

Zutaten
Macaronschalenteig
125 g gemahlene weiße Mandeln
150 g Puderzucker
100 g Zucker, fein
4 Eiweiße

Füllung
250 g Butter
140 g Puderzucker
160 g Pistazien gemahlen

Zubereitung
Wir beginnen mit den Macaronschalen.
Mandeln und Puderzucker in den Mixtopf geben und nochmals auf Stufe 10/ 15 Sekunden mahlen. In eine Schüssel umfüllen.
Den Topf reinigen. Den Schmetterling einsetzen und das Eiweiß einfüllen. Auf Stufe 4/ ca. 2 Minuten steif schlagen. Den Schmetterling entfernen. Nun die übrigen Teigzutaten hinzugeben. Wer mag, kann noch ein paar Tropfen Lebensmittelfarbe hinzugeben. Auf Stufe 2/ 15 Sekunden rühren. Die Masse in einem Spritzbeutel umfüllen. Ein Backblech mit Backpapier belegen. Die Masse portionsweise mit dem Spritzbeutel auf das Blech setzen. Die Masse bei 150 Grad Umluft ca. 15 Minuten backen. Die Schalen abkühlen lassen.

Füllung

Alle Zutaten für die Füllung in den sauberen Mixtopf geben. Auf Stufe 5/ 30 Sekunden schlagen. Man braucht eine Macaronschale als Oberteil und eine als Unterteil. Die Schalen mit der Masse füllen und kaltstellen.

Amaretto Macarons

Zutaten
Macaronschalenteig
125 g gemahlene weiße Mandeln
150 g Puderzucker
100 g Zucker, fein
4 Eiweiße

Füllung
250 g Butter
3 EL Amaretto
140 g Puderzucker
160 g Mandeln

Zubereitung
Wir beginnen mit den Macaronschalen.
Mandeln und Puderzucker in den Mixtopf geben und nochmals auf Stufe 10/ 15 Sekunden mahlen. In eine Schüssel umfüllen.
Den Topf reinigen. Den Schmetterling einsetzen und das Eiweiß einfüllen. Auf Stufe 4/ ca. 2 Minuten steif schlagen. Den Schmetterling entfernen. Nun die übrigen Teigzutaten hinzugeben. Wer mag, kann noch ein paar Tropfen Lebensmittelfarbe hinzugeben. Auf Stufe 2/ 15 Sekunden rühren. Die Masse in einem Spritzbeutel umfüllen. Ein Backblech mit Backpapier belegen. Die Masse portionsweise mit dem Spritzbeutel auf das Blech setzen. Die Masse bei 150 Grad Umluft ca. 15 Minuten backen. Die Schalen abkühlen lassen.

Füllung
Alle Zutaten für die Füllung in den sauberen Mixtopf geben. Auf Stufe 5/ 30 Sekunden schlagen. Man braucht eine Macaronschale als Oberteil und eine als Unterteil. Die Schalen mit der Masse füllen und kaltstellen.

Schoko Macarons

Zutaten
Macaronschalenteig
125 g gemahlene weiße Mandeln
150 g Puderzucker
1 EL Kakao
100 g Zucker, fein
4 Eiweiße

Füllung
250 g Butter
Mark einer Vanilleschote
140 g Puderzucker
160 g Mandeln
1 EL Kakao

Zubereitung
Wir beginnen mit den Macaronschalen.
Mandeln, Kakao und Puderzucker in den Mixtopf geben und nochmals auf Stufe 10/ 15 Sekunden mahlen. In eine Schüssel umfüllen.
Den Topf reinigen. Den Schmetterling einsetzen und das Eiweiß einfüllen. Auf Stufe 4/ ca. 2 Minuten steif schlagen. Den Schmetterling entfernen. Nun die übrigen Teigzutaten hinzugeben. Wer mag, kann noch ein paar Tropfen Lebensmittelfarbe hinzugeben. Auf Stufe 2/ 15 Sekunden rühren. Die Masse in einem Spritzbeutel umfüllen. Ein Backblech mit Backpapier belegen. Die Masse portionsweise mit dem Spritzbeutel auf das Blech setzen. Die Masse bei 150 Grad Umluft ca. 15 Minuten backen. Die Schalen abkühlen lassen.

Füllung
Alle Zutaten für die Füllung in den sauberen Mixtopf geben. Auf Stufe 5/ 30 Sekunden schlagen. Man braucht eine Macaronschale als Oberteil und eine als Unterteil. Die Schalen mit der Masse füllen und kaltstellen.

Lebkuchen Macarons

Zutaten
Macaronschalenteig
125 g gemahlene weiße Mandeln
150 g Puderzucker
100 g Zucker, fein
4 Eiweiße
1 TL Backkakao
1 TL Lebkuchengewürz

Füllung
250 g Butter
Mark einer Vanilleschote
140 g Puderzucker
1 gehäufter TL Lebkuchengewürz
160 g Mandeln

Zubereitung
Wir beginnen mit den Macaronschalen.
Mandeln und Puderzucker in den Mixtopf geben und nochmals auf Stufe 10/ 15 Sekunden mahlen. In eine Schüssel umfüllen.
Den Topf reinigen. Den Schmetterling einsetzen und das Eiweiß einfüllen. Auf Stufe 4/ ca. 2 Minuten steif schlagen. Den Schmetterling entfernen. Nun die übrigen Teigzutaten hinzugeben. Wer mag, kann noch ein paar Tropfen Lebensmittelfarbe hinzugeben. Auf Stufe 2/ 15 Sekunden rühren. Die Masse in einem Spritzbeutel umfüllen. Ein Backblech mit Backpapier belegen. Die Masse portionsweise mit dem Spritzbeutel auf das Blech

setzen. Die Masse bei 150 Grad Umluft ca. 15 Minuten backen. Die Schalen abkühlen lassen.

Füllung

Alle Zutaten für die Füllung in den sauberen Mixtopf geben. Auf Stufe 5/ 30 Sekunden schlagen. Man braucht eine Macaronschale als Oberteil und eine als Unterteil. Die Schalen mit der Masse füllen und kaltstellen.

Orangen Macarons

Zutaten
Macaronschalenteig
125 g gemahlene weiße Mandeln
150 g Puderzucker
100 g Zucker, fein
4 Eiweiße
20 g fein geriebene Orangenschale

Füllung
250 g Butter
20 g fein geriebene Orangenschale
40 g Orangenmarmelade
140 g Puderzucker
160 g Mandeln

Zubereitung
Wir beginnen mit den Macaronschalen.
Mandeln und Puderzucker in den Mixtopf geben und nochmals auf Stufe 10/ 15 Sekunden mahlen. In eine Schüssel umfüllen.
Den Topf reinigen. Den Schmetterling einsetzen und das Eiweiß einfüllen. Auf Stufe 4/ ca. 2 Minuten steif schlagen. Den Schmetterling entfernen. Nun die übrigen Teigzutaten hinzugeben. Wer mag, kann noch ein paar Tropfen Lebensmittelfarbe hinzugeben. Auf Stufe 2/ 15 Sekunden rühren. Die Masse in einem Spritzbeutel umfüllen. Ein Backblech mit Backpapier belegen. Die Masse portionsweise mit dem Spritzbeutel auf das Blech setzen. Die Masse bei 150 Grad Umluft ca. 15 Minuten backen. Die Schalen abkühlen lassen.

Füllung
Alle Zutaten für die Füllung in den sauberen Mixtopf geben. Auf Stufe 5/ 30 Sekunden schlagen. Man braucht eine Macaronschale als Oberteil und eine als Unterteil. Die Schalen mit der Masse füllen und kaltstellen.

Rum Macarons

Zutaten
Macaronschalenteig
125 g gemahlene weiße Mandeln
150 g Puderzucker
100 g Zucker, fein
4 Eiweiße

Füllung
250 g Butter
2 EL Rum
140 g Puderzucker
160 g Mandeln

Zubereitung
Wir beginnen mit den Macaronschalen.
Mandeln und Puderzucker in den Mixtopf geben und nochmals auf Stufe 10/ 15 Sekunden mahlen. In eine Schüssel umfüllen.
Den Topf reinigen. Den Schmetterling einsetzen und das Eiweiß einfüllen. Auf Stufe 4/ ca. 2 Minuten steif schlagen. Den Schmetterling entfernen. Nun die übrigen Teigzutaten hinzugeben. Wer mag, kann noch ein paar Tropfen Lebensmittelfarbe hinzugeben. Auf Stufe 2/ 15 Sekunden rühren. Die Masse in einem Spritzbeutel umfüllen. Ein Backblech mit Backpapier belegen. Die Masse portionsweise mit dem Spritzbeutel auf das Blech setzen. Die Masse bei 150 Grad Umluft ca. 15 Minuten backen. Die Schalen abkühlen lassen.

Füllung
Alle Zutaten für die Füllung in den sauberen Mixtopf geben. Auf Stufe 5/ 30 Sekunden schlagen. Man braucht eine Macaronschale als Oberteil und eine als Unterteil. Die Schalen mit der Masse füllen und kaltstellen.

Kokos Kuchen

Zutaten
Teig
250 g Sahne
180 g Zucker
250 g Mehl
1 Backpulver
Saft einer Zitrone
4 Eier
1 Prise Salz
1 Vanillezucker

Belag
150 g weiche Butter
180 g Zucker
1 Vanillezucker
100 g Kokosraspel

Zubereitung
Alle Zutaten in den Mixtopf geben und 2 Minuten auf Teigstufe glatt rühren. Den Teig auf ein mit Backpapier ausgelegtes Bleck schütten und ca. 15 Minuten auf Ober- und Unterhitze bei 180 Grad backen.
Nun die Zutaten für den Belag in den ausgespülten Mixtopf geben. Auf Stufe 3 / 45 Sekunden verrühren.
Auf den Kuchen geben und nochmals 10 Minuten backen.

Haselnuss Kuchen

Zutaten
Teig
250 g Sahne
180 g Zucker
250 g Mehl
1 Backpulver
Saft einer Zitrone
4 Eier
1 Prise Salz
1 Vanillezucker

Belag
150 g weiche Butter
180 g Zucker
1 Vanillezucker
100 g Haselnuss geraspelt

Zubereitung
Alle Zutaten in den Mixtopf geben und 2 Minuten auf Teigstufe glatt rühren. Den Teig auf ein mit Backpapier ausgelegtes Bleck schütten und ca. 15 Minuten auf Ober- und Unterhitze bei 180 Grad backen.
Nun die Zutaten für den Belag in den ausgespülten Mixtopf geben. Auf Stufe 3 / 45 Sekunden verrühren.
Auf den Kuchen geben und nochmals 10 Minuten backen.

Mandarinen Käsekuchen

Zutaten
Teig
150 g Butter
200 g Zucker
1 Ei
400 g Mehl
1 Pck. Backpulver

Belag

150 g Öl
200 g Zucker
5 Eier
500ml Milch
2 Pck. Puddingpulver Vanille
1kg Quark
3 kleine Dosen Mandarinen
2 Pck. Tortenguss klar

Zubereitung

Die Teigzutaten in den Mixtopf geben. Auf Stufe 5/1 Minute zu einem krümeligen Teig verarbeiten. Den Teig auf ein gefettetes Backblech geben und festdrücken.

Nun alle Zutaten für den Belag , außer den Tortenguss und die abgetropften Mandarinen in den ausgespülten Mixtopf geben. Auf Stufe 5 / 2 Minuten vermischen. Die Masse auf den Teig geben. Die Mandarinen ansprechend auf die Masse verteilen. Das Ganze bei 180 Grad Ober- und Unterhitze 60 Minuten backen. Den Tortenguss nach Packungsanleitung zubereiten und auf dem Kuchen verteilen.

Nachtrag zum Impressum

Copyright / Bilder / Quellen

- Eyeliam
- kochtopf
- Jamierabbits
- Squeezomatic
- Crystal
- AWee
- Mc Ali333
- Kathryn rothondo
- Miss Turner
- Yoppy
- Belgian chocolate

Pixelio.de
- Woyzeck

Herstellung und Verlag:
BoD - Books on Demand, Norderstedt
ISBN 978-3-7357-7063-9